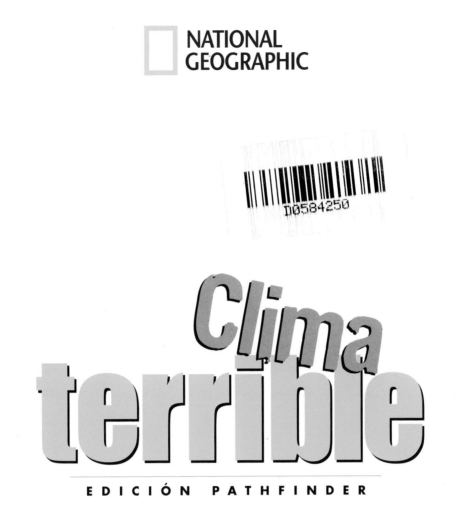

**NATIONAL GEOGRAPHIC**

D0584250

# Clima terrible

EDICIÓN PATHFINDER

Por Beth Geiger

## CONTENIDO

# Clima terrible

Por Beth Geiger

Los tornados son tormentas terribles. Sus vientos giratorios a menudo pueden alcanzar las 250 millas por hora. Ahora los científicos desafían esos vientos para aprender a predecir estas mortales tormentas.

A las 6:00 p.m. del 3 de mayo de 1999, los pronosticadores del clima advirtieron con urgencia que un tornado estaba avanzando hacia Oklahoma City. Le dijeron a la gente que encontrara un lugar seguro para esconderse.

En una carretera cercana, dos camiones no hicieron caso a la advertencia. En vez de alejarse de la tormenta, condujeron rápidamente hacia ella.

## Vientos enfurecidos

Así es, los dos camiones avanzaron a toda velocidad hacia la tormenta. Sus seis ocupantes no eran temerarios actores de Hollywood o buscadores de emociones. Y sabían exactamente lo que estaban haciendo. Eran cazadores de tornados.

Josh Wurman era el líder del grupo. Wurman es un **meteorólogo**, un científico que estudia el clima. A diferencia de otras personas, a Wurman le gusta el mal tiempo. Mientras más malo, mejor. Le gustan especialmente los tornados.

Los meteorólogos han estado esperando todo el día. Esa mañana, pensaron que el clima parecía apropiado para los tornados. Empezaron a dar vueltas en busca de tormentas.

Hacia el mediodía, estaban con hambre. Se detuvieron en una pequeña tienda para abastecerse de barras de dulce y papas fritas. No lo sabían, pero su día de trabajo recién estaba empezando. E iba a ser un día borrascoso.

Hacia las seis en punto, el equipo de Wurman ya había visto seis tornados. El más grande estaba en camino. Pero, ¿por qué los científicos estaban cazando tornados? ¿Y por qué estaban en camiones?

## Tocando tierra

Unos años antes, a Wurman se le ocurrió una idea. Decidió montar una estación meteorológica en un camión. Hasta incluyó un **radar Doppler**. Este equipo rastrea tormentas por cientos de millas.

El radar Doppler es una herramienta valiosa. Probablemente hayas visto a tu pronosticador del tiempo local usándolo en las noticias. Pero tiene sus limitaciones.

El equipo del radar funciona mejor cuando está cerca de una tormenta. Al ponerlo en un camión, Wurman esperaba conducir lo más cerca posible a un tornado. Estudiando los tornados de cerca y aprendiendo todo sobre ellos, los científicos esperan algún día poder predecir las tormentas.

**Doble problema**. *Esta foto de dos tornados fue tomada por los fotógrafos de National Geographic cuando hicieron la película en formato grande, Fuerzas de la naturaleza.*

**Retorcido.** *Vientos circulares tuercen una nube de tormenta. La nube no es un tornado, pero podría convertirse en uno. Tales nubes se llaman supercélulas.*

# Cómo se forma un tornado

**1** En lo más profundo de una nube de tormenta se desarrollan vientos circulares.

**2** Los vientos circulares se mueven hacia abajo. Forman un embudo.

**3** Las corrientes descendentes de la nube arrastran lluvia y granizo.

**4** Los vientos que están cerca del suelo recogen escombros. Se forma una nube alrededor del tornado.

**Callejón de la destrucción.** *IZQUIERDA: La mayoría de los tornados en los Estados Unidos se forman en un área llamada callejón de los tornados. ARRIBA: Los vientos del tornado pueden levantar autos, árboles y casi cualquier cosa que esté en su camino.*

El callejón de los tornados

## El callejón de los tornados

Unos 800 tornados pasan por los Estados Unidos cada año. Eso es más que en cualquier otro país del mundo.

Los tornados pueden ocurrir en cualquier momento y casi en cualquier lugar de los Estados Unidos. Son más comunes en la primavera. Y es más probable que ocurran en algunos estados que en otros.

Si vives en Texas, Oklahoma, Colorado, Kansas, Nebraska, Dakota del Sur, Minnesota o Iowa, ¡estás en zona de tornados! Por estos estados pasan tantos tornados que la zona se llama **callejón de los tornados** (ver mapa).

El callejón de los tornados es propicio para los tornados por su geografía. ¿Qué tiene que ver la geografía con los tornados?

Bueno, la respuesta sopla en el viento. El aire cálido del Golfo de México pasa por el callejón de los tornados. Al mismo tiempo, baja aire frío al callejón de los tornados desde las Montañas Rocosas.

## Clima retorcido

Los tornados son columnas de aire que giran violentamente. Forman un embudo que se extiende desde una nube de tormenta o una nube cumulonimbo hasta el suelo. Los tornados pequeños pueden tener unos 50 pies de ancho. Los más grandes tienen una milla de ancho.

Grandes o pequeños, los tornados no duran mucho, desde 20 segundos hasta una hora. Sin embargo, contienen suficiente energía para hacerte girar la cabeza. Los vientos de un tornado con frecuencia sobrepasan las 250 millas por hora.

Los vientos rugen como un tren de carga fuera de control. Pueden levantar casas, derrumbar vecindarios y lanzar autobuses escolares como si fueran juguetes.

El choque del aire frío y caliente crea las condiciones perfectas para los tornados. Eso es lo que ocurrió a las 6:00 p.m. del 3 de mayo de 1999, cerca de Oklahoma City.

## Trayectoria de choque

Hacia las 6:30, el tornado arrasaba la zona a 35 millas por hora. Se dirigía directamente a la ciudad. Justo detrás del tornado venía Wurman a toda velocidad en sus dos camiones. Pronto, los meteorólogos estaban a solo un minuto del tornado.

Ahora los vientos soplaban enfurecidos a unas 100 millas por hora. Los autos que estaban cerca de los camiones perdían el control y se salían del camino. "Llovían de las nubes trozos de madera y materiales aislantes de casas", recuerda Wurman.

Finalmente, el tornado desapareció. Los cazadores de tornados dieron la vuelta y regresaron a la ciudad. Miles de casas habían sido destruidas. Había escombros por todas partes. No es de extrañarse. El equipo había medido la velocidad más rápida jamás registrada en un tornado: ¡301 millas por hora!

## Salvando vidas

El 3 de mayo de 1999 fue uno de los días de más acción y tensión para el Dr. Wurman. Pero saber que su trabajo puede salvar vidas hace que todo valga la pena. "Además", dice Wurman, "los tornados están entre las cosas más bellas y raras en el planeta".

*¿Qué cosas puedes hacer para prepararte para un tornado u otra emergencia?*

## Vocabulario

**radar Doppler:** sistema de radar usado para rastrear tormentas

**meteorólogo:** científico que estudia el clima

**callejón de los tornados:** área de los Estados Unidos en donde se forma la mayoría de los tornados

## Proezas retorcidas

**L**os tornados son conocidos por ser remolinos de destrucción. A veces, los tornados realizan proezas increíbles. Otras veces, las tormentas son sorprendentemente suaves. He aquí algunos hechos fantásticos.

**Noviembre de 1915** Un tornado recogió cinco caballos de su establo. El tornado se llevó a los caballos un cuarto de milla antes de bajarlos sin hacerles daño alguno.

**Noviembre de 1915** El mismo tornado recogió un soporte de corbatas con 10 corbatas. El soporte fue encontrado a 40 millas de distancia.

**Junio de 1939** Un tornado desplumó a una gallina.

**Enero de 1974** Un tornado recogió varios autobuses escolares vacíos. Elevó los autobuses más de ocho pies en el aire.

# Clasificación de los tornados

Los tornados vienen en muchos tamaños. Así que, ¿cómo sabemos cuán grande es un tornado? Los científicos clasifican las tormentas usando una escala especial. Esta escala clasifica los tornados según la velocidad de sus vientos y los tipos de daños que producen.

La escala tiene niveles que van de EF0 a EF5. Revisa el daño que podría ocurrir en cada nivel de la escala a continuación. Luego usa la escala para clasificar cada tornado descrito en las historias de testigos de la página 9.

## Midiendo un tornado

| Nivel | Velocidad del viento | Daño |
|-------|---------------------|------|
| EF0 | menos de 73 mph (millas por hora) | **Daño leve:** pequeñas ramas de árboles rotas; postes de luz sacudidos; daño leve a casas rodantes y techos de casas. |
| EF1 | 73-112 mph | **Daño moderado:** ventanas rotas; casas rodantes empujadas fuera de sus bases o volteadas; grandes ramas de árboles rotas. |
| EF2 | 113-157 mph | **Daño considerable:** pedazos de techo arrancados de casas y otros edificios; casas rodantes destruidas; postes eléctricos de madera rotos. |
| EF3 | 158-206 mph | **Daño grave:** paredes de casas, escuelas y centros comerciales derribadas; corteza arrancada de los árboles; postes eléctricos de acero doblados o rotos. |
| EF4 | 207-260 mph | **Daño devastador:** casas destruidas; grandes secciones de escuelas y centros comerciales dañadas. |
| EF5 | 261-318 mph | **Daño increíble:** escuelas, centros comerciales y edificios de muchos pisos seriamente dañados o destruidos. |

¿Cuán gran

### Semáforos que se sacuden

Estaba yendo en el auto con mi mamá y mi hermano cuando llegó el tornado. Los vientos sacudieron nuestro auto, así que mamá se estacionó a un lado del camino. Un semáforo se sacudió y casi se cayó de su poste. Los basureros se cayeron y fueron soplados a lo largo del camino. Pero al poco rato, el tornado se había ido.

### Hogares destruidos

Felizmente, no estábamos en casa cuando llegó el tornado. Destruyó muchas casas de nuestra ciudad. Arrojó autos y camiones por todas partes como si fueran juguetes. Nuestro apartamento ahora es una pila de escombros. Perdimos todas nuestras pertenencias, pero estamos agradecidos de estar vivos. Muchas personas quedaron mal heridas. Algunas incluso murieron durante la tormenta.

### Tejas voladoras

Estábamos en la escuela cuando sonaron las sirenas que anuncian tornados. El tornado arrancó tejas de casas cercanas. También cortó la electricidad. Todas las luces se apagaron. Nuestro maestro dijo que el poste de luz eléctrica que estaba afuera de la escuela se había partido en dos.

### Árboles tumbados

Estábamos en el sótano cuando el tornado llegó a nuestro hogar. Toda la casa se estremeció. Oímos el sonido de la madera rompiéndose. Una vez que se fue el tornado, todo quedó en desorden. Algunas de nuestras paredes ya no estaban. Los árboles de nuestro jardín estaban desnudos. La tormenta les había arrancado la corteza.

de fue?

# Mapeo del Clima

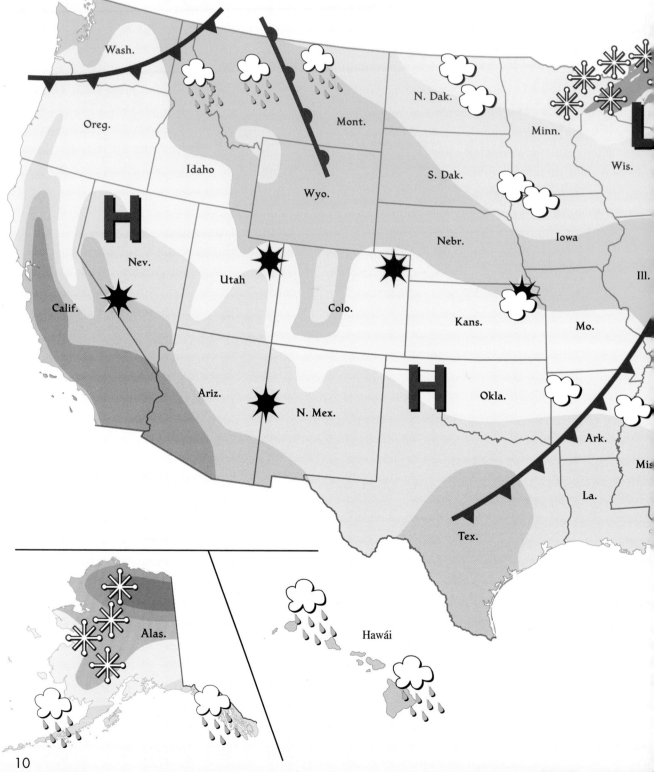

Los mapas meteorológicos usan símbolos especiales para mostrar distintas condiciones. La clave dice qué significa cada símbolo. Usa la clave para decir qué tipo de clima muestra el mapa para tu estado. Luego elige otro estado. ¿Cómo es el clima allí?

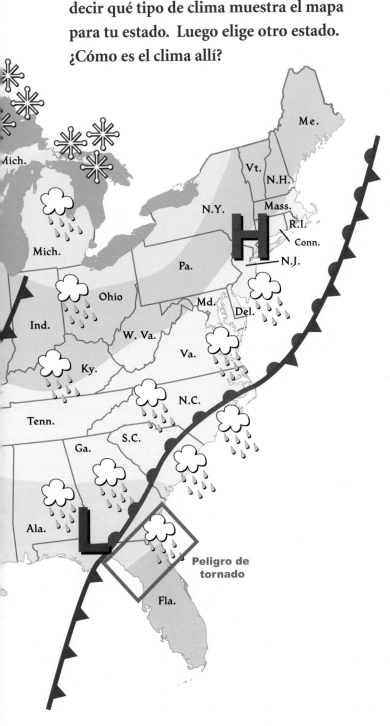

## Clave del mapa

### Condiciones meteorológicas

| Símbolo | Significado |
|---|---|
| | Soleado |
| | Parcialmente nublado |
| | Nublado |
| | Lluvioso |
| | Nieve |
| **H** | Presión alta |
| **L** | Presión baja |

### Frentes

| Símbolo | Significado |
|---|---|
| | Frente frío |
| | Frente cálido |
| | Frente estacionario |

### Temperatura

| | |
|---|---|
| | 0s |
| | 10s |
| | 20s |
| | 30s |
| | 40s |
| | 50s |
| | 60s |
| | 70s |
| | 80s |
| | 90s |

# Tornados

**Usa el torbellino de tus ideas con para ver qué has aprendido sobre los tornados.**

**1** ¿Por qué los cazadores de tornados conducen hacia las tormentas?

**2** ¿Por qué los meteorólogos están interesados en las tormentas?

**3** ¿Cómo ayuda el radar Doppler a estudiar los tornados?

**4** ¿Por qué se forman tantos tornados en el callejón de los tornados?

**5** ¿Qué nos dice la escala de clasificación sobre un tornado?